NOTES ET PARADOXES

A PROPOS DE THEATRE

OBSERVATIONS HUMORISTIQUES SUR L'ART DU COMÉDIEN

PAR

JUSTIN BELLANGER

PARIS

TYPOGRAPHIE MORRIS PÈRE & FILS

64, RUE AMELOT, 64

1872

[illegible]

NOTES ET PARADOXES

A PROPOS DE THÉATRE

NOTES

ET

PARADOXES

A PROPOS DE THÉATRE

OBSERVATIONS HUMORISTIQUES SUR L'ART DU COMÉDIEN

PAR

JUSTIN BELLANGER

PARIS

TYPOGRAPHIE MORRIS PÈRE & FILS

64, RUE AMELOT, 64

1872

A

MONSIEUR RÉGNIER

Sociétaire retraité de la Comédie-Française.

Cher Monsieur,

Vous avez bien voulu encourager mes efforts et eclairer mon inexpérience. Permettez-moi de vous offrir aujourd'hui ces esquisses légères, crayonnées sans art, mais d'après nature, sur le carnet d'un régisseur. Je rougis très-sincèrement, croyez-le bien, d'avoir un si chétif présent à vous faire en retour de tant de bontés, mais vous avez daigné témoigner pour mon petit travail une si gracieuse sympathie, que je me sens enhardi par votre propre suffrage à placer ma brochure sous le patronage de l'un des comédiens des plus justement illustres de mon temps.

Votre bien dévoué,

Justin BELLANGER.

Paris, le 10 janvier 1872.

I

Parler avec naturel quand nous exprimons une pensée apprise, c'est reproduire par l'imitation ce que nous faisons d'instinct quand nous exprimons notre propre pensée.

Les passions se traduisent par les mêmes gestes et par les mêmes inflexions de voix chez l'homme instruit et chez l'ouvrier, mais le premier est plus maître des mouvements de son âme, et le second s'y livre avec plus d'expansion. Les muscles du visage se contractent chez l'un et chez l'autre exactement de la même manière, mais non pas avec la même vivacité. La différence du plus au moins fait l'expression noble ou triviale.

Le dessin est à la peinture ce que la diction est au jeu. Il faut dessiner de longues années avant de peindre; il faut étudier longtemps l'art de dire avant de monter sur la scène.

Comme le peintre, le metteur en scène invente le plan du tableau et la position respective des personnages; comme lui, il combine des lignes, groupe des masses, isole des parties, met dans la lumière ou rejette dans l'ombre ce qui doit être utile ou non pour l'effet principal.

Le peintre imite la nature avec des couleurs, le comédien avec son corps. Le premier représente sur la toile une figure qui a l'air de souffrir, le second reproduit sur lui-même l'image sensible d'un homme qui souffre. Les principes des deux arts sont les mêmes, le but est pareil, mais les procédés changent. Ce sont des ouvriers qui font le même travail avec des outils différents.

La peinture ne va à l'âme que par les yeux. L'acteur dispose d'une puissance double de celle du peintre; on le voit et on l'entend. C'est une peinture qui parle.

Le tableau est une action immobilisée, et l'acteur un tableau qui marche.

Dire juste, c'est sentir juste ; comme écrire bien, c'est penser bien.

Le mot « déclamation » désigne exactement le contraire de ce qu'il devrait désigner. Bien déclamer, c'est bien dire, c'est-à-dire ne pas déclamer du tout, et l'acteur qui déclame le mieux est celui qui déclame le moins.

Il y a d'abord dans l'étude de la déclamation théâtrale un certain travail préparatoire qui a pour effet d'enseigner à l'élève à émettre nettement les sons. C'est là proprement une étude de prononciation et non de diction, travail exclusivement mécanique et aussi ennuyeux pour celui qui donne la leçon que pour celui qui la reçoit. J'en demande pardon à l'ombre de Démosthènes, mais le système des petits cailloux et en général tous les artifices de cette nature, qui, depuis les rhéteurs grecs jusqu'à nos jours, servent à corriger les vices de l'habitude ou ceux de la conformation, m'inspirent une répugnance dont je ne puis me défendre. Je considère le temps consacré à ces soins matériels comme entièrement perdu pour le développement de l'intelligence. Si vous avez le pied plat, l'État ne vous mettra pas dans l'infanterie ; si votre prononciation est vicieuse, ne vous faites pas orateur.

La première condition que j'exige d'un jeune homme qui prend le théâtre, c'est qu'il soit beau garçon et qu'il possède un bon organe ; la seconde, c'est qu'il ait de l'intelligence.

La première condition que l'on exige d'une fille pour qu'elle réussisse au théâtre, c'est qu'elle soit légère ; la seconde, c'est qu'elle soit jolie ; et la troisième, c'est qu'elle soit jolie et légère.

Le plus grand malheur pour un homme qui joue la comédie, c'est d'avoir reçu du ciel ou conquis par l'étude cette rare et merveilleuse qualité qu'on appelle la souplesse : précieux trésor qui d'un acteur fait un comédien véritable et lui donne la puissance de troquer son individualité contre celle d'un personnage imaginaire, de n'être jamais lui-même, mais toujours semblable au modèle qu'il se propose. Cet homme-là, à moins de circonstances exceptionnelles, usera son génie dans l'obscurité, car les directeurs ne lui trouveront point ce qu'ils appellent une nature. Il sera propre à tout, c'est-à-dire bon à rien.

Les gens qui réussissent le plus sûrement au théâtre sont ceux qui à des qualités plus ou moins brillantes joignent quelque défaut très-saillant dont le public leur fait bientôt une qualité, et que les auteurs exploitent utilement au profit des uns et des autres.

Il y a de pauvres gens qui ont pris le théâtre par paresse et désœuvrement, dans l'espérance que la vie d'un acteur consistait à ne rien faire et à recevoir des bravos, Il y en a d'autres qui se font acteurs pour vivre avec des actrices. Quelques-uns choisissent cet art parce qu'ils l'aiment.

II

Il y a des acteurs mauvais parce qu'ils voient ce qu'il faut faire, mais n'ont pas le talent de l'exécuter ; il y en a d'autres qui sont mauvais parce qu'ils ne voient pas ce qu'il faut faire ; d'autres, enfin, ne sont ni mauvais ni bons, ils escamotent la difficulté.

Le trivial, c'est la vérité dans le laid ; et le sublime, c'est la vérité dans le beau.

On confond trop souvent la distinction avec la froideur.

L'élégance et la grâce sont des qualités naturelles que l'éducation peut développer, mais que le travail ne donne jamais.

Il n'y a qu'un accent vrai, qu'un geste vrai, qu'un regard vrai, comme il n'y a qu'une couleur et qu'une forme pour représenter les objets. Trouver cette coloration exacte, cette ligne précise, voilà le but.

Jouer d'une façon nerveuse, c'est remplacer le sentiment par la sensation.

Crier, c'est moins faire du bruit que produire un bruit inutile ; c'est plutôt parler faux que parler fort.

L'absence de défauts ne fait pas nécessairement le talent. Un homme de talent peut parfaitement avoir des défauts, et même des défauts très-graves ; comme un acteur sans défauts saillants, mais aussi sans qualités éminentes, ne sera qu'un acteur médiocre. Le vrai talent consiste évidemment à avoir des qualités extraordinaires, mais j'ai observé qu'à une qualité correspond le plus souvent le défaut opposé. L'acteur qui a de la distinction manque quelquefois de chaleur, celui qui a de la verve tombe volontiers dans le commun. Il est sans doute impossible à la nature humaine d'atteindre la perfection. Ce n'est donc pas l'ensemble des qualités désirables qu'il faut appeler talent, mais seulement l'existence et le développement d'une ou de plusieurs qualités rares.

Il est extrêmement difficile de faire la charge d'un acteur vulgaire, qui n'a ni qualités ni défauts bien sensibles ; aussi de ceux-là personne ne se moque ; mais plus l'artiste s'éloigne du commun, plus il devient remarquable par une personnalité mêlée de bon et de mauvais, plus aussi l'imitation outrée des éléments qui composent son talent devient aisée pour l'observateur même le plus superficiel.

La première fois que j'étudie un rôle, je trouve sans efforts des accents qui me paraissent vrais. Le lendemain je suis étonné de ne pas les retrouver, et à mesure que j'avance dans mes études, je suis forcé de m'avouer à moi-même que je m'éloigne de la vérité plutôt que je ne m'en rapproche. Jusqu'à ce que j'arrive enfin à rétablir par le travail ce que l'instinct de la nature m'avait inspiré du premier coup.

Le ridicule, c'est quelquefois l'audace malheureuse, l'essor incomplet ; mais c'est l'audace, mais c'est l'essor. Il y a deux manières d'être ridicule : on peut être ridicule à force de bêtise, et on peut l'être à force d'esprit.

Il y a des acteurs qui disent : « Cette pièce est mauvaise,

cette situation est fausse, cette parole n'est pas naturelle. »
La pièce la plus avantageuse pour l'acteur n'est pas toujours
celle qui est écrite dans le goût le plus pur; le rôle dont on
peut tirer le meilleur parti n'est pas toujours celui qui
paraît le plus naturel à la lecture. L'art de l'interprète
consiste moins à faire valoir ce qui est vrai, qu'à rendre
vraisemblable ce qui ne l'est pas. Dans les ouvrages d'un
homme d'esprit, l'acteur de talent travaille à s'élever
jusqu'à la hauteur du modèle ; dans ceux d'un faiseur
vulgaire, il élève la pensée de l'auteur au niveau de la
sienne.

Un grand poëte trouve difficilement un acteur pour
rendre sa pensée tout entière, comme un grand comédien
a rarement le bonheur de rencontrer un auteur de sa force
à interpréter. De là souvent des mélodrames bien joués et
des chefs-d'œuvre massacrés.

Il y a des auteurs qui ont banni du théâtre l'émotion,
l'observation, l'illusion et même l'esprit. Ils n'y veulent ni
pitié, ni terreur, ni finesses, ni larmes, ni amour, ni haine,
ni imagination, ni âme, ni entrailles, rien enfin de ce
qui est l'imitation de la nature. Ils ont inventé les opéras
bouffes.

Il y a des gens qui confondent la manie d'imaginer avec
la puissance d'inventer. Il y a des gens qui se croient dis-
pensés par leur heureux génie de l'obligation d'apprendre
ce que chacun sait. Ils ignorent qu'avant de trouver quelque chose de nouveau, il est nécessaire d'avoir acquis la
connaissance de tout ce qui a été trouvé par les autres. Ce
nouveau qu'ils recherchent avec une ardeur stérile, que
ne le demandent-ils plus simplement à l'étude de ce que
les autres savent et qu'ils ignorent? Le premier pas pour
inventer c'est d'apprendre, et avant de songer à dépasser
les autres il faut d'abord aller aussi loin qu'eux.

Le progrès des sciences et des arts vient moins de la succession des hommes de talent que de l'accident heureux d'un homme de génie.

Il y a un art dont les progrès sont, pour ainsi dire, impossibles, si l'on entend par progrès la somme de qualités acquises que l'expérience de ceux qui s'en vont lègue perpétuellement à ceux qui restent. Phidias nous a laissé des statues, Raphaël des tableaux et Mozart des partitions. Que savons-nous de la façon dont jouait Garrick ?

Il y a des acteurs qui jouent avec tant de finesse qu'on ne peut pas soupçonner qu'ils manquent d'esprit. Il y en a d'autres qui ont tant d'esprit à la ville qu'on est surpris de les trouver si bêtes en scène.

On réussit par le talent et par le bonheur. On peut avoir du bonheur sans posséder aucun talent, mais il est bien rare de réussir par le talent sans le secours d'un peu de bonheur.

Une bonne pièce, c'est pour le directeur la pièce qui fait de l'argent ; pour les acteurs, celle où ils jouent un beau rôle ; pour les auteurs, celle qui est signée d'eux ; pour le public d'en haut, celle où l'on donne des coups de couteau ; pour le public des loges, celle où l'on n'en donne pas ; pour le public des avant-scène, celle où il y a de jolies actrices ; pour les républicains, celle qui tape sur les royalistes ; pour les royalistes, celle où l'on éreinte les républicains ; pour les réalistes, celle qui est écrite dans un style plat ; pour les idéalistes, celle qui a des prétentions littéraires ; pour les gens gais, celle qui les fait rire, et pour les mélancoliques, celle qui les fait pleurer. Pour l'homme de goût, c'est souvent celle qui ne plaît à aucun de ceux-là.

Un mot est une musique qui porte au cerveau une image.

Les artistes ne font pas les règles, ils les découvrent et s'y conforment.

Les règles sont les recettes que les artistes de génie transmettent à ceux qui n'ont que du talent. Les hommes qui s'en affranchissent ou qui les dédaignent sont ceux qui n'ont ni assez de talent pour en faire leur profit, ni assez de génie pour en inventer de meilleures.

III

Les jeunes gens expriment moins aisément l'amour que les hommes qui ont passé trente ans.

Un homme franc et ouvert jouera bien les Tartufes, comme un hypocrite sera superbe dans les héros. Le premier ne craindra pas qu'on le prenne pour un véritable fourbe, et l'autre sera enchanté d'avoir une occasion de paraître meilleur qu'il est en effet.

Plus mon rôle m'ennuie, mieux je le joue. Je suis forcé d'étudier davantage.

Pourquoi cette distinction, comédie et drame? Pourquoi dans l'une ne parler qu'à l'esprit, pourquoi dans l'autre ne chercher qu'à émouvoir? La nature ne procède pas ainsi. Elle réunit et combine ces deux éléments que vous séparez. La division des genres est évidemment une preuve de notre impuissance. L'œuvre complet, c'est Racine et Molière ensemble, mais chacun d'eux isolément n'a copié qu'une face du modèle. Un drame spirituel, une comédie émouvante, voilà quel serait le type du vrai absolu.

Il semble que les rôles les plus difficiles et les plus ingrats sont ceux qui devraient exiger pour interprètes les acteurs les plus hab'les. C'est ordinairement le contraire qui a lieu. Les beaux rôles, ceux qui sont faits pour tel artiste célèbre et goûté du public, sont souvent brillants et sympathiques au point de pouvoir se passer, pour produire de l'effet, d'une exécution hors ligne. Au lieu que les rôles à côté sont le plus souvent si mauvais que le talent seul d'un grand comédien pourrait réussir à les rendre intéressants. On abandonne ceux-là à des acteurs tout à fait vulgaires et incapables de les faire valoir.

Le travail de l'acteur, c'est la répétition. La représentation est son délassement.

Répéter, c'est faire son tableau ; jouer, c'est le découvrir aux yeux.

Toutes les personnes qui commencent le théâtre perdent beaucoup de temps avant de comprendre la nécessité des répétitions. Elles comptent sur l'inspiration du soir pour se pénétrer de leur personnage. Il leur faut bien des années pour se convaincre enfin que l'inspiration dans les arts est le dernier mot de l'effort. Ils la traitent comme une courtisane prête à se livrer au premier qui passe, mais c'est une vierge hautaine qu'il faut prier longtemps avant d'obtenir d'elle un sourire.

Un diseur est un homme qui ne sait que dessiner ; un brûleur de planches est un homme qui ne sait que peindre ; et un comédien, un homme qui dessine et qui peint.

Il ne faut pas confondre l'air ennuyé avec l'air ému, ni l'air méchant avec l'air énergique.

Un menteur contrefait les mouvements de la nature, et son artifice consiste à singer avec adresse les signes extérieurs du sentiment qu'il feint d'éprouver. C'est précisément ce que fait le comédien quand il joue son rôle. Mais le premier nous déplaît d'autant plus qu'il réussit mieux à nous tromper, et le second d'autant moins qu'il y réussit plus mal.

Peut-être que les meilleurs juges des statues et des

tableaux sont les modèles, comme les meilleurs critiques pour les comédiens sont le souffleur et les employés. Ces gens-là ont l'habitude de comparer. Ils sont blasés sur l'illusion théâtrale, qui égare le jugement du public.

Pour faire du nouveau en poésie, il est inutile d'inventer un système de versification ; il suffit d'écrire de bons vers. En publiant une pensée juste ou une image vraie, on est sûr de ne pas ressembler aux autres.

Pour aller à la vérité il n'y a qu'une route, mais une route droite et lumineuse. Dès le premier pas, on voit distinctement le but qui est au bout. Mais plus on avance, plus on s'aperçoit que ce but est placé loin. Les faibles perdent courage et se jettent dans des chemins de traverse, où ils errent à l'aventure et vont se perdre dans l'obscurité. Les forts marchent toujours en avant, l'œil fixé vers cette étoile qui scintille là-bas. Ceux qui s'avancent le plus loin sont les hommes de génie ; ceux qui les suivent à distance sont les hommes de talent. Quant aux autres, ils sont..... les autres.

Quand on est sur la route de la vérité, on peut indifféremment marcher, s'arrêter, courir, tomber, se relever, prendre du repos, et même s'endormir de temps en temps. Pourvu qu'on ne s'écarte pas de la ligne, tout est égal.

Je ne sais pas si vous êtes comme moi, mais le dernier goujat qui me trouve bien dans mon rôle me paraît un plus habile homme que le critique autorisé qui m'y trouve mauvais.

Pour moi, un bon directeur, c'est celui qui me paye bien ; une bonne pièce, celle dans laquelle je joue un beau rôle ; un bon public, celui qui m'applaudit , et un journaliste intelligent, celui qui proclame que j'ai du mérite. Quant à tous ces gens qui me trouvent mauvais, je les considère comme étant absolument dépourvus de goût.

2

Je ne crois pas qu'il y ait au monde un seul acteur chez qui je ne parvienne à découvrir quelque défaut grave. En revanche, je défie bien le critique le plus autorisé de réussir à m'éclairer sur mes imperfections.

Ces défauts, que je me plais à constater chez les autres, vous me dites que je les ai moi-même; c'est possible, mais ils me choquent moins chez moi que chez eux. Voyez donc combien ils sont horribles et comme ils rendent ces pauvres gens ridicules ! Au lieu que tout cela s'amende et s'adoucit dès que c'est moi que je regarde et non plus eux. Changeons, s'il vous plaît, le mot, et, pour nous entendre, appelons un défaut le défaut qui est au voisin, et une qualité le défaut qui nous est propre.

IV

Que l'acteur parle d'abord avec sa physionomie et son geste, qu'on devine ce qu'il va dire avant qu'il l'ait énoncé. Les mots ne doivent pas être autre chose que l'explication du geste. La parole est le langage convenu, celui de l'homme civilisé ; le geste est le langage primitif, celui de la bête. Son expression est plus spontanée et plus rapide. La vivacité méridionale est très-éloquente et peut être consultée utilement quand il s'agit de peindre le langage animé de la passion. Les gens du Nord sont moins prompts à jeter leur âme dehors ; leurs passions, plus vivaces, sont moins vives.

Pour trouver l'accent vrai, même dans le style noble, imiter les inflexions de la rue, les noter, s'en souvenir, les appliquer au rôle avec des variations dans la clef. Un demiton, un quart de ton au-dessus ou au-dessous, et le langage sera noble ou trivial.

En scène, le plus difficile n'est pas de savoir parler, c'est de savoir se taire. On joue tour à tour en parlant et en écoutant. On ne peut pas parler sans jouer, mais on peut jouer sans parler.

L'effet que produit celui qui parle dépend moins de la

façon dont il parle que de la physionomie de celui qui l'écoute.

Geste inutile, bavardage en action.

On entend ordinairement par le mot « geste » l'action du bras et celle de la main. Mais les diverses positions qu'affectent la tête, le cou, le torse et les jambes, ne doivent-elles pas être considérées comme de véritables gestes? Toutes les parties du corps, à des degrés divers, sont auxiliaires de la parole, et c'est de leur concours harmonieux que naît l'illusion du jeu de l'acteur.

Tertullien ne veut pas que l'orateur peigne avec son geste les objets qu'il nomme dans son discours. Mais il y a, ce me semble, une différence essentielle entre les procédés du comédien et ceux de l'orateur. Celui-ci invente ce qu'il dit, l'autre veut avoir l'air de l'inventer ; le second se propose pour objet de nous émouvoir ou de nous convaincre, le premier cherche à nous faire croire qu'il est convaincu ou ému lui-même ; l'éloquence de l'orateur s'adresse plus particulièrement à l'intelligence, et celle du comédien plus spécialement aux passions et aux regards. L'orateur parle et l'acteur agit.

En général, plus on parle à l'esprit, moins on fait de gestes ; plus on s'adresse aux passions, plus on fait de gestes. Dans la comédie la parole est tout, le geste est souvent secondaire ; dans les situations dramatiques, au contraire, la diction n'est rien, l'action est tout.

Le dialogue est une diction d'ensemble, et la mise en scène une action d'ensemble.

Il y a dans le dialogue deux objets à considérer, savoir : le diapason de la voix et le diapason du sentiment.

La mise en scène est l'art de placer, de faire agir et se mouvoir les acteurs comme ils se placeraient, comme ils agiraient et comme ils marcheraient d'eux-mêmes s'ils inventaient leurs rôles au lieu de les réciter.

Il y a dans la mise en scène trois objets à considérer, savoir : la vérité, l'intérêt du spectateur et la beauté.

La meilleure mise en scène est celle qui est la plus facile à exécuter.

V

Est-il nécessaire que les élèves étudient exclusivement les rôles du vieux répertoire, et n'y aurait-il pas souvent de l'avantage à leur faire répéter des rôles tirés des ouvrages contemporains, principalement de ceux qui se jouent tous les soirs et qu'ils peuvent voir interpréter par les créateurs? Je crois qu'il peut être dangereux et qu'il est toujours inutile, pour une personne qui commence le théâtre, de voir exécuter par un artiste l'ouvrage qu'elle se propose d'exécuter elle-même. Car il arrivera infailliblement ceci : dès que l'élève aura vu jouer M. X, il ne songera plus qu'à une chose, à imiter M. X. Au lieu de se pénétrer de son personnage, au lieu de chercher en lui-même un accent vrai ou un geste naturel, il essayera de se rappeler avec exactitude le mouvement qu'il a vu et l'intonation qu'il a entendue. Mais M. X a sa voix et vous avez la vôtre ; il a une façon de porter la tête ou de tenir le torse qui est à lui et non au personnage qu'il joue. Tout ce qui constitue en somme ses défauts et ses qualités lui appartient en propre et ne dépend pas de son rôle. Vous n'avez pas le droit de vous assimiler ces choses-là, vous n'en avez même pas le pouvoir. A la première parole que vous me dites, au premier geste que vous me faites, à la façon de porter votre main ici plutôt que là, je reconnais aussitôt que vous avez vu jouer M. X, et je vous trouve d'autant plus éloigné du naturel que vous faites de plus grands efforts pour renoncer à votre propre nature.

Au contraire, si vous vous condamnez à étudier vos rôles sans jamais les voir jouer par un autre, vous n'êtes plus distrait de vos efforts par l'éternelle image de la représentation théâtrale ; vous avez une liberté bien plus féconde pour trouver dans votre propre cœur et dans votre propre intelligence le secret de ces élans ou de ces finesses qui ont l'air de se produire spontanément. Que diriez-vous d'une personne qui, ne sachant ni peindre ni dessiner, voudrait apprendre à dessiner et à peindre en exécutant la copie du dernier tableau de M. Cabanel ? Suivre à la Comédie Française les représentations d'un ouvrage nouveau qui a de la vogue et choisir, pour sujet d'étude, le rôle que joue M. Delaunay, afin de réussir à bien imiter ce qu'on lui voit faire, me paraît être un procédé aussi ridicule. C'est toujours l'erreur des apprentis dans tous les métiers : ils veulent commencer par la fin. Mais avant de composer des livres, il faut savoir écrire ; et avant de savoir écrire, il faut apprendre sa grammaire. On ne débute pas dans les classes par la rhétorique, et c'est successivement et par des degrés que l'on arrive enfin à faire un discours. Les études d'un comédien et celles de tous les artistes en général suivent absolument le même ordre et sont soumises aux mêmes nécessités, qui sont celles de la logique et des faits mêmes.

J'ai démontré, je pense, qu'il n'y a aucun avantage, mais qu'au contraire il y a de graves inconvénients à laisser l'élève imiter les acteurs dans les rôles qu'il étudie. Il reste à résoudre la seconde question, celle de savoir si l'élève doit se renfermer dans l'étude exclusive de l'ancien répertoire ? Je réponds : non, cela n'est d'aucune nécessité, et je crois même que le professeur habile doit rechercher soigneusement, dans les pièces nouvelles et écrites avec talent, les rôles les plus propres à être étudiés utilement. Quel meilleur sujet d'étude pour un jeune homme qu'un certain nombre de rôles du répertoire courant, parmi lesquels je citerai, en première ligne, celui de George Bernard dans *Par Droit de Conquête* ? L'ordre qui me paraît le meilleur, et que j'observe dans mon enseignement, consiste à faire répéter à l'élève exclusivement du classique jusqu'à ce qu'il ait atteint un certain degré. Quand je le considère comme ayant terminé ses basses classes, je le fais entrer en rhétorique, c'est-à-dire que je l'autorise à aborder de temps en temps le répertoire contemporain et les rôles nouveaux, mais de manière à ne jamais sacrifier les uns aux autres et à mener de front les deux études, absolument comme à l'école des Beaux-Arts on fait travailler les élèves une semaine d'après la nature, et une semaine d'après l'antique.

Il y a des personnes qui disent : « Pourquoi toujours l'antique, et qu'avons-nous à faire d'autres modèles que de la nature ? Supposons que par je ne sais quelle cause impossible à prévoir mais qu'il est permis d'imaginer par la pensée, tous les ouvrages d'art qui sont aujourd'hui sur la terre se trouvent absolument anéantis et qu'il n'en reste plus un seul pour enseigner à nos fils comment les artistes travaillaient avant nous. Est-ce que tout serait perdu avec les ouvrages ? Est-ce qu'il ne resterait plus le modèle lui-même ? Est-ce que l'intelligence et l'instinct des nouveaux artistes ne les conduiraient pas à inventer de nouveau les mêmes chefs-d'œuvre ? » Rien de plus rationnel que cette assurance, et il est très-logique de

croire que les mêmes causes amèneraient les mêmes
effets. Mais enfin, puisque nous n'en sommes pas réduits
à cette extrémité, puisqu'au contraire nous possédons une
immense somme d'expérience et de qualités acquises,
pourquoi irions-nous de gaieté de cœur renoncer à tout cet
avantage et rejeter systématiquement la science que nous
ont léguée les générations disparues, sous le prétexte pué-
ril que ceux qui sont venus avant tous les autres se sont
forcément passés de maîtres. Que ne rejetez-vous également la science de l'écriture et celle même de la parole,
puisque vous ne les avez pas non plus trouvées par vous
même? Mais songez, je vous prie, à l'épouvantable travail
que vous m'imposez. Si je veux composer un pauvre petit
vaudeville en un acte, me voici arrêté tout court par cette
considération très-exacte que les auteurs qui m'ont précédé
ont fait des vaudevilles avant moi, et même j'ai la douleur
de constater dans ma mémoire que j'en ai lu ou joué une
quantité considérable. Comment faire pour échapper à
cette tyrannie du passé? Direz-vous qu'il y a vaudeville et
vaudeville? c'est très-bien, mais vous ne songez pas que
chacun de ces vaudevillistes qui m'ont précédé a eu en
tête d'amuser les gens et de leur montrer qu'il avait de l'esprit. Faudra-t-il, pour ne point faire comme mes prédéces-
seurs, et pour créer un genre de vaudeville tout à fait
neuf, me proposer pour but d'endormir mon public et de
lui montrer clairement que je suis une bête? En outre,
comment écrirai-je ma pièce, ou plutôt l'écrirai-je? Car
avant que j'aie inventé un nouveau langage et des caractères
qui soient tout à fait de ma façon, il est certain que les
années passeront, et quand j'aurai atteint l'extrême vieil-
lesse, il s'agira alors d'enseigner ma méthode aux autres
hommes, afin que les uns puissent représenter mon ouvrage
et que les autres soient en état de l'entendre... Cette per-

spective me refroidit. Car grâce, messieurs les réalistes, laissez-moi composer mon petit vaudeville en simple Français et suivant les habitudes de tous les auteurs qui ont fait des vaudevilles jusqu'à ce jour, et ne condamnez pas chacun de nous à recommencer individuellement la besogne de l'humanité tout entière.

LAMARTINE

Ce qui caractérise le talent de Lamartine, c'est la facilité de présenter une idée sous des formes multiples. Il a une merveilleuse abondance non pas d'idées ni de sentiments, mais de mouvements et d'images. En somme, il n'y a de bien clair dans toute sa croyance que l'amour de la mollesse et une préoccupation incessante des intérêts de la vanité. La source ordinairement de sa poésie, c'est la mélancolie, c'est-à-dire une condition anormale et exceptionnelle de l'existence, un état qui n'est pas la santé, une nostalgie de l'intelligence. Il y a au fond de cette littérature je ne sais quoi de languissant et d'efféminé, qui est un amoindrissement de virilité, une perte de séve. Le principal charme des vers de Lamartine est dans la musique, et l'on peut dire qu'il a écrit moins pour notre esprit que pour nos oreilles.

Lamartine a été un historien faible, un romancier ennuyeux, un auteur dramatique impossible, un orateur populaire très-réussi, et un poëte original. Il restera de lui quelques pages des *Méditations*. *Jocelyn* est du bavardage, et le reste des poésies du galimatias.

VICTOR HUGO

Le plus sonore de nos poëtes. Peu de sensibilité, peu
d'émotion, mais de la force, mais de l'énergie, mais de la
puissance, mais de la fougue. Un tempérament d'athlète.
L'ironie, l'indignation, la colère, le mépris, l'admiration,
l'audace, parfois la grâce, mais jamais la tendresse ni
l'amour. Une science de facture qui va jusqu'à la puérilité,
une ampleur d'images qui dépasse les bornes du naturel,
une élévation de pensées qui s'égare dans les nuages. Un
génie étonnant et des ouvrages médiocres. L'essor et le
développement des qualités naturelles gênés et paralysés
par les paradoxes de l'esprit et les aveuglements de la
vanité. Un Lucain doublé d'un Ronsard.

On trouve dans le théâtre de Victor Hugo un si petit
nombre de bonnes choses et un tel encombrement de sentiments et de pensées en dehors de la nature, qu'il y a pour
l'esprit plus de danger que de profit à glaner dans ces
sombres pages un certain nombre de beaux vers. Sans
doute il y a dans ces drames une merveilleuse habileté
pour amener brusquement des incidents tout à fait inat-
tendus, mais qu'est-ce qu'un ouvrage d'esprit où l'auteur
n'emploie pour exciter notre intérêt ni la tendresse, ni

l'amour, ni le dévouement, ni les larmes? Le seul ressort
du théâtre de Victor Hugo, c'est la terreur ou la vengeance.
Les faits y sont invraisemblables, les caractères outrés, les
sentiments inadmissibles, et le langage lyrique et non dramatique. Telle tirade de *Hernani* ressemble plutôt à une
ode ou à une ballade qu'à l'expression d'un état de l'âme.
On vante l'apostrophe du vieux Saint-Vallier dans *Marion
Delorme*, et c'est en effet le morceau le plus complet de
tout le théâtre de Victor Hugo. Mais combien n'y a-t-il pas
encore d'imperfections et même de taches dans ce petit
nombre de beaux vers !

Victor Hugo romancier a écrit dans un style toujours
énergique, mais souvent bizarre, des rêves plus ou moins
fantastiques. Il n'en veut qu'à l'imagination et jamais au
cœur. Il a un merveilleux talent pour donner de l'intérêt
à ce qui est insensé. *Notre-Dame de Paris* est le cauchemar d'une imagination en délire, mais c'est le cauchemar
d'un homme de génie.

Victor Hugo orateur a fait de longs plaidoyers pour l'a-
bolition de la peine de mort et en faveur de la liberté de
la presse. Il a soutenu avec une logique âpre et mordante
des idées plutôt généreuses et vulgaires qu'originales et
pratiques. Il a prouvé qu'un habile écrivain pouvait, à
l'occasion, développer avec une certaine éloquence toute
rhétoricienne des théories plus ou moins spécieuses, mais
là encore, comme dans le théâtre et dans le roman, son
talent a manqué des éléments qui sont, pour ainsi dire,
l'essence même de chacune de ces formes littéraires, je
veux parler de l'observation et du sens commun.

V. Hugo, poëte, c'est V. Hugo dans la plénitude de ses
facultés, dans l'esso libre et spontané de son génie. Le
lyrisme est une condition nécessaire de sa nature. Toutes
les imperfections de son Théâtre, de ses romans et de ses

discours viennent précisément de cette tendance éternelle de son âme à vouloir s'élever au-dessus du niveau mesquin de la réalité. V. Hugo a des ailes et il est condamné à s'emparer de l'espace et à y planer librement. Ce qui est exclusivement de la terre n'est pas à sa hauteur, il faut qu'il descende pour y atteindre ; c'est une aberration de ses instincts, une déviation de sa route naturelle, un oubli de sa divine essence. Dans cet immense recueil de ses poésies, bien des pages sont d'un goût détestable, et il est certain que tout cela gagnerait à être débarrassé d'une grande quantité de mauvaises pièces, et à ne faire qu'un petit volume. Mais que d'admirables choses renfermerait cet opuscule ! Quel feu, quel éclat, quelle vivacité d'images, quelle profondeur de pensée, quelle puissance d'imagination, quel talent d'écrivain ! Quelle vérité étonnante dans cette peinture, dès que l'inspiration est heureuse, ou plutôt dès que le travail veut bien prendre la peine de seconder les belles dispositions de la nature. V. Hugo est souvent gâté par je ne sais quelle funeste manie, qui l'a conduit à considérer le génie d'un poëte comme étant affranchi par sa divine essence des conditions ordinaires de l'activité-intellectuelle, c'est-à-dire de la nécessité de travailler pour atteindre la perfection. Il a confondu le but avec l'instrument, et par suite de cette erreur, nous a donné des ébauches et des croquis, mais non des dessins ni des tableaux. Quand il a bien voulu joindre l'effort à l'instinct naturel, quand il ne s'est pas contenté de jeter sur la toile des taches plus ou moins heureuses, mais qui ne sont que des préparations et des dessous ; quand, au lieu d'à peu près, il nous a présenté des études précises, des figures achevées et véritablement peintes ; alors il s'est révélé à nous tel qu'il aurait pu être toujours, avec une méthode contraire à celle qu'il a suivie, c'est-à-dire un grand poëte, le plus grand de son époque, et l'un des plus originaux de tous les temps.

Il ne faut pas compter les vers d'un poëte; il faut tirer de ses ouvrages ce qui est excellent, considérer cette moelle comme étant la seule substance qui soit vraiment sienne, et rejeter sans vergogne tout ce qu'il a fait de médiocre, comme n'étant pas précisément de lui, mais d'un être vulgaire et semblable à nous qui était dans lui et vivait avec lui. Corneille a fait quarante mille vers. Il y en a là-dessus hardiment trente-six mille qui sont mauvais. Ceux-là ne sont pas des vers du grand Corneille, ce sont des vers de l'autre, de celui qui se trompait.

VII

Il y a beaucoup de pauvres diables qui prétendent que pour réussir dans le monde, il est absolument inutile d'avoir des talents, et qu'il suffit pour cela d'intriguer. Si cela était aussi vrai qu'ils l'affirment, ces gens-là seraient depuis longtemps à la tête des affaires.

Pour bien réussir dans le monde, il est inutile d'avoir de l'esprit ; tous ceux qui ne sont arrivés à rien vous le diront ; mais il est également utile d'en avoir ; tous ceux qui ont de bonnes places l'affirment.

Que d'esprit il faut à la vertu pour ne pas deplaire ! que de bêtise il faut au vice pour ne pas séduire !

Admirons la Providence dans la manière dont elle a distribué aux femmes les avantages du corps et ceux de l'esprit. Si les plus belles avaient encore le plus d'esprit, les laides seraient vraiment trop à plaindre. Au lieu que, par un effet de la sollicitude céleste, les moins jolies sont ordinairement les plus spirituelles.

Ce que l'on appelle en affaires avoir du bonheur, c'est le plus souvent le mériter.

Pierre n'a jamais été assez simple pour risquer son argent dans des spéculations impossibles. Quand il entreprend une affaire, il en a calculé d'avance toutes les bonnes et toutes les mauvaises chances, aussi n'a-t-il jamais perdu un sou, et est-il arrivé à la fortune. Ses rivaux disent de lui qu'il a du bonheur. Un grand bonheur, en effet, celui d'avoir reçu du ciel assez de bon sens pour ne pas imiter leur sottise.

Il faut nous sentir ou bien supérieurs ou bien inférieurs aux autres hommes pour vanter leurs talents.

Il y a dans les arts un très-petit nombre d'hommes qui ne sont pas complétement convaincus de leur supériorité sur tous les autres, ce sont ceux qui ont du talent.

Il est presque aussi rare de bien apprécier le talent des autres que d'en avoir soi-même.

Si les artistes mettaient à découvrir leurs propres défauts la moitié de l'ardeur qu'ils dépensent pour découvrir les défauts des autres, les bons ouvrages seraient moins rares.

Il y a des gens dont il est pourtant bien difficile de dire qu'ils n'ont pas d'esprit, tant ils sont habiles à persuader le contraire aux sots.

La discrétion n'est une vertu qu'autant qu'elle nous empêche de divulguer le mal que nous savons des autres.

La modestie est une apparence. C'est la forme extérieure de l'orgueil chez les personnes qui ne sont pas sottes.

Avouez que Pierre est un imbécile, puisqu'il n'a jamais réussi à gagner de l'argent, et que Jacques a de l'esprit puisqu'il est devenu riche.

Le seul talent qui ne soit pas contesté, c'est celui qui est bien payé. Un artiste qui vend cher a du talent ; c'est un fait. Pourtant c'est aussi un fait que plusieurs artistes de talent sont morts dans la misère ou dans une très-humble médiocrité. Accordez-moi qu'il est possible d'avoir du talent et d'être pauvre, et je vous accorderai que tous les artistes parvenus à la fortune ont du talent.

On estime communément les ouvrages d'esprit suivant ce qu'ils rapportent, et les artistes suivant ce qu'ils gagnent. Je ne veux pas soutenir que cette manière d'apprécier soit le plus logique, mais elle est certainement la plus commode. Dès qu'il n'est plus question d'autre chose que de savoir précisément combien tel tableau a été payé, ou quelle somme touche par mois mademoiselle X., le rôle du critique se trouve singulièrement simplifié. Il ne consiste plus qu'à dresser un petit état comparatif des valeurs diverses, à se tenir au courant des hausses et des baisses, et à ajouter, suivant les variations du marché: Monsieur X. ôté tant, talent complet; monsieur A tant, talent moindre; monsieur B. tant, talent au-dessous du médiocre; et ainsi de suite. On a son petit travail dans la poche, on l'en tire, on y jette un regard, et l'homme est jugé.

Combien de défauts utiles pour séduire les masses! mais quel ensemble de perfections pour ne pas déplaire aux gens délicats!

Il semble que de tous les arts, le théâtre est celui qui devrait exiger les connaissances les plus variées, sinon les plus profondes. C'est peut-être celui où l'ignorance est la plus générale. Il faut être bachelier pour avoir le droit de faire des additions dans le bureau d'un ministère, et il est inutile de savoir le français pour interpréter publiquement les ouvrages d'esprit.

VIII

Il ne faut pas confondre le naturel avec la nature elle-même. Il y a la nature et il y a l'art; comme il y a l'original et la copie. Ce que l'on appelle le naturel, c'est une copie qui ressemble parfaitement, mais ce n'est pas l'o iginal.

Bien des personnes nous disent : A quoi bon des leçons? qu'avons-nous à apprendre de plus que nos rôles? Sachons-les parfaitement, et quand nous les saurons, nous n'aurons plus autre chose à faire qu'à parler et agir comme nous faisons en ville. J'ai, par exemple, à vous dire bonjour et à vous serrer la main : est-ce que je ne vous dis pas bonjour tous les jours? est-ce que je n'ai pas l'habitude de vous serrer la main, et avez-vous la prétention de m'enseigner des mouvements qui me sont familiers? Vous avez raison. Il faut vous laisser faire, et il est impossible que vous n'exécutiez pas dans la perfection une chose si commune et si simple. Mais pourquoi ne restez-vous pas vous-même, et qui vous pousse à changer du tout au tout dès que vous me dites bonjour en me rencontrant sur les planches d'un théâtre au lieu de me dire bonjour en m'apercevant dans la rue? Ou demeurez en effet dans vos rôles ce que je vous

vois à la ville, ou convenez avec moi que la comédie
est un art qu'il faut apprendre.

Est-il réellement plus facile, comme on le croit généralement, de paraître naturel, et même de l'être, dans les
situations ordinaires que dans celles qui sont extrêmes?
Est-il plus aisé de représenter d'une façon satisfaisante
pour le spectateur une mère caressant son enfant, qu'une
mère retrouvant son cadavre? D'un côté, il est certain que
nous voyons plus rarement des mères retrouvant le
cadavre de leur enfant que des mères caressant leur enfant sur leurs genoux, et que par conséquent nous avons
moins souvent l'occasion d'observer ce qui se passe dans
la nature dans le premier cas que dans l'autre ; mais d'un
autre côté, ceux qui sont dans la salle et qui vous jugent,
se trouvent absolument dans les mêmes conditions que
nous, c'est-à-dire qu'ils manquent pour apprécier la justesse de notre imitation des éléments qui nous ont manqué pour l'exécuter ; au lieu qu'il leur est bien plus facile
de remarquer si nous sommes naturels ou non, dès qu'il
s'agit de situations comme celles dont ils sont témoins
tous les jours. C'est pour cette considération que le genre
où il est le plus difficile de réussir complétement, c'est la
comédie de mœurs. On peut même observer qu'en général
plus le genre ou le rôle que joue l'acteur s'éloigne de la
vérité et se rapproche de la fantaisie, moins l'acteur a be-
soin de talent pour y réussir ; et qu'au contraire, plus le
genre et le rôle qu'il est appelé à jouer sont près de la nature, et plus le public s'apercevra aisément de l'imperfec-
tion du jeu de l'acteur.

Il est assez aisé de faire le fou d'une façon qui contente
le public. Toutes les sottises que l'acteur imagine passent
pour une imitation de la nature. Dès qu'il ne s'agit plus

d'autre chose que d'avoir l'air de ne pas penser à ce qu'on
dit, la difficulté de parler juste est moindre.

C'est une étude bien plus délicate et bien plus complexe
qu'on ne le croit communément que celle d'observer l'expression des physionomies ou celle des gestes dans la
nature. Combien de personnes ne sont pas sincères, et rè-
glent leur visage et leur maintien au lieu de s'abandonner
à l'élan de la nature ! Quand on vient à considérer d'une
part combien les personnes d'un esprit cultivé savent
commander à leurs mouvements par le double empire de
l'éducation et de l'habitude, et d'autre part combien les
gens qui travaillent de leurs bras arrivent de bonne heure
à une certaine insensibilité qui les rend peu propres à recevoir des émotions vives, on constate avec inquiétude
qu'en définitive ce n'est point une chose si facile de rencontrer une personne en ville qui ne joue pas elle-même
la comédie en exprimant la tendresse, la douleur ou le
plaisir. Sans compter qu'il peut y avoir pour le comédien
quelque danger à se laisser tromper par les apparences.
Car enfin, si une personne me dit blanc et qu'elle pense
noir, il est évident que je serai dans le faux en l'imitant.
Aussi est-il nécessaire, quand on observe les gens avec
l'intention de les imiter, de se rendre compte, aussi exactement que possible, de la sincérité des émotions qu'ils
paraissent éprouver.

Ce que les philosophes appellent éclectisme n'est pas
possible dans les arts. Vous ne pouvez pas voir la nature
un peu avec les yeux de Rubens et un peu avec le regard
de Léonard, ni faire un paysage à moitié comme Poussin
et à moitié comme Ruysdaël. Chaque personne est organisée
d'une façon qui la rend plus particulièrement propre à
apercevoir l'image des objets suivant certaines conditions
plutôt que suivant certaines autres ; les uns sont myopes

et les autres presbytes. Étendez cette observation aux facultés de l'intelligence, et dites-moi s'il est possible d'admettre que deux artistes nous donnent la même copie quand le modèle diffère pour chacun d'eux? Il arrive au contraire que ceux qui distinguent les finesses du détail sont fort sincères en disant que ceux qui ne les rendent pas négligent de représenter la nature dans sa perfection et n'imitent d'elle qu'une partie incomplète et grossière. Au lieu que les peintres organisés de manière à n'apercevoir que la masse, et point les détails, ont raison en affirmant de leur côté que les détails ne sont rien et que l'important, c'est l'ensemble. Comme les peintres qui voient gris et ceux qui voient rouge sont très-naturellement conduits par la différence de leurs impressions au contraste de leurs ouvrages. Quand monsieur Ingre me dit que Rubens ne voit pas les couleurs comme elles sont dans la nature, je conclus de son erreur que la nature se colorait aux yeux de monsieur Ingre autrement qu'elle ne se colorait aux yeux de Rubens. Loin donc qu'il faille nous étonner de la divergence des écoles et même des mépris passionnés que les artistes de talents opposés professent généralement les uns à l'égard des autres, considérons ce fait comme étant la conséquence obligée de la variété des organisations et des instincts, bien plutôt que le résultat d'aveuglements systématiques ou de mesquines questions d'amour-propre.

IX

Un auteur peut arriver à la réputation par un four
éclatant; comme un industriel s'enrichir par une faillite.
Il y a des ouvrages d'esprit qui paraissent avoir été gâ-
chés par des maçons, comme il y a des ouvrages de ma-
çonnerie qui ont exigé de l'ouvrier une délicatesse très-
intelligente.

Il y a des pièces de théâtre si peu vraisemblables qu'elles
semblent avoir été inventées à plaisir pour exercer le talent
des acteurs chargés de les faire accepter. Il y en a d'autres
qui sont si parfaites qu'elles font le désespoir des comédiens, impuissants à être aussi naturels que l'auteur.

Je n'admettrai jamais la juridiction du suffrage universel
pour décider de la valeur d'une pièce de théâtre ou de
celle d'un tableau. Les ignorants et les imbéciles seront
toujours en majorité. En appeler au jugement du plus
grand nombre, c'est évidemment soumettre le jugemen
éclairé des personnes d'esprit au caprice aveugle des sots.
Le premier venu ne peut pas formuler une opinion motivée
sur la valeur d'un tableau. Il y faut une préparation, une
éducation artistique qui ne sont possibles qu'à un petit
nombre d'hommes. Si vous donnez la même importance à

l'opinion d'un maçon et à celle d'un médecin ou d'un avocat, attendez vous à toutes les sottises. Ou donnez de l'esprit à ceux qui n'en ont pas, ou empêchez-les de juger les ouvrages d'esprit.

L'estime qui vient de la foule n'a presque jamais de fondement. Le public ne s'incline devant les talents que lorsque ces talents ont été proclamés et salués préalablement par les personnes qui savent juger. Point de défaillance en face des froideurs de la foule ; point d'orgueil devant ses applaudissements passionnés. Ni ceux-ci ni celles-là ne valent le témoignage de notre conscience ou le conseil d'un connaisseur.

Quand une pièce réussit bien, ne dites pas : « l'auteur a fait un bon ouvrage. » Dites seulement : « il a fait une pièce qui a bien réussi. » Il peut arriver pourtant qu'une pièce ait du succès, quoique étant excellente. Ce sont de ces surprises agréables qui réjouissent les gens de goût.

Un auteur a donné au public un petit acte qui étincelait de gaieté et d'esprit et qui est tombé. Le même auteur, quelques semaines plus tard, a obtenu un succès insolent avec une pièce médiocre.

L'auteur qui n'est qu'habile subit l'influence du public et cède au caprice de la mode. L'auteur de génie résiste au mauvais goût de son temps et impose violemment sa personnalité à la foule. Le premier est un serviteur dont nous apprécions le zèle officieux ; l'autre, un maître dont nous subissons l'autorité.

La comédie parle à l'intelligence, le drame remue les passions. L'une veut instruire et amuser ; l'autre, émouvoir. Le public qui goûtera les finesses de la première, sera toujours insensible aux émotions du second. La comédie s'adresse exclusivement aux personnes qui ont le goût cultivé ; le drame s'adresse à tous les autres.

On dit : « Les passions sont à l'ignorant comme à l'homme instruit, et quand il s'agit d'être ému, il est inutile d'avoir fait ses classes. » D'accord. Mais quelles sont les passions qu'il faudra exciter chez le peuple pour qu'il batte des mains et trouve l'ouvrage bon ? Demandez à la plupart de nos fabricants de mélodrames le secret de leurs triomphes les plus populaires. Je défie qu'on présente au public des boulevards, avec quelque chance de succès, une autre pièce que celle-ci : « Jacques qui est pauvre, mais vertueux, empêche Arthur, qui est riche et canaille, de séduire Jacquotte, qui est pauvre et honnête, ou d'ennuyer Jacquot, qui est honnête et pauvre. »

Il y a des faits qu'on n'explique pas, on les constate. Un homme, qui à lui seul a plus d'esprit que la plupart des écrivains de son temps, a fait une pièce de théâtre où il n'a mis que des niaiseries. Le public a fait tomber la pièce, non parce qu'elle était mauvaise, mais parce qu'elle était de lui. Il faut ajouter que l'ouvrage n'était pas plus mauvais que plusieurs de ceux qui ont enrichi leur auteur.

Toutes les fois que l'on veut faire l'éloge d'un ouvrage, on ne manque pas de dire : « Il a atteint tel chiffre de représentations. Si le public a couru à cette pièce, c'est qu'elle était bonne. » Je répète que le succès n'est jamais un arrêt sans appel, ni le public un juge en dernier ressort. Le caprice, la mode du jour, une jolie actrice, l'éclat d'un scandale, l'à-propos de la politique, mille autres motifs étrangers à l'ouvrage, ont pu, dans de certaines conditions et à un moment donné, remplir une salle de spectacles avec une pièce qui ne valait pas grand'chose. On redonnera l'ouvrage l'année suivante et le public sera surpris de s'y être tant amusé naguère.

Le public appréciera d'autant plus volontiers votre mérite qu'il l'aura entendu vanter davantage. Un acteur qui a la réputation d'un homme de talent déplaira bien difficilement à la masse des spectateurs, même s'il joue mal. Tout ce qu'il pourra faire et qu'on blâmerait chez un inconnu, venant de lui, passe pour excellent. Il faudra qu'il soit bien mauvais pour qu'on s'avise enfin de le trouver tel. Il est vrai que, dès que le fait paraît établi, le public prend sa revanche et se montre à son égard d'autant plus sévère qu'il a été aveuglé plus grossièrement.

Quand vous avez déplu au public concluez-en hardiment que vous avez été mauvais. Mais parce que vous lui avez plu, n'allez pas croire que vous avez bien joué. Il n'y a pas de conséquence. Le public a frappé des mains et a crié « bravo », c'est vrai ; mais qui vous prouve que ce n'est pas ce que vous avez dit qu'il a trouvé de son goût, et non pas la façon dont vous l'avez dit ? L'auteur est bien pour quelque chose, j'imagine, dans les émotions de ceux qui écoutent, et le plus souvent c'est l'illusion produite par l'ouvrage lui-même, et pas du tout votre jeu, qui est la cause de votre succès apparent. Prenez la peine d'écouter le public après la représentation, et vous deviendrez à la fois plus clairvoyant et plus modeste. Quand un acteur est absolmuent remarquable ou tout à fait ridicule, le jugement du public ne peut guère se tromper tout à fait sur son compte ; mais entre la perfection et le ridicule il y a bien des nuances, et ce sont ces nuances qui échappent à l'appréciateur vulgaire.

L'habitude d'applaudir dans les spectacles est peut-être un des obstacles les plus sérieux aux progrès des acteurs. Les jeunes gens qui commencent le théâtre ont la conviction très-sincère que dès qu'on les applaudit, c'est qu'ils sont bien, et qu'un acteur qui n'a pas été applaudi a été très-mauvais. Il est utile de leur affirmer que le contraire est ordinairement ce qui se passe. Rien de plus

aisé, et surtout rien de plus étranger à l'imitation de la
nature, que le procédé qui provoque à un moment donné
les applaudissements du spectateur. Il y a un art pour être
applaudi, comme il y a un art pour mériter d'être applaudi.
C'est du reste une étude amusante, que celle des moyens
plus ou moins ingénieux dont l'ensemble constitue ce que
les comédiens appellent une ficelle, et peut-être n'est-il
pas inutile de la bien connaître, afin de se tenir plus aisément en garde contre elle. La ficelle consiste le plus
souvent à surprendre l'oreille ou les yeux par quelque
chose de tout à fait inattendu, et qu'il est absolument
impossible au spectateur de pressentir d'avance. L'effet
n'est pas juste, mais il est fort. Par exemple, mademoiselle Duchesnois dans le rôle de Marie-Stuart, avait cou-
tume de préparer un de ses grands effets de la façon qui
suit: Elle prenait le soin de se tenir tout à fait au fond de
la scène, et disait d'abord d'une voix de fausset:

Si le ciel était juste, indigne souveraine,
Vous seriez à mes pieds...

A ce moment, au lieu de continuer son mouvement
comme l'auteur avait continué le sien, et de terminer sa
pensée comme avait fait l'auteur, elle se taisait, descen-
dait rapidement la scène face au public, se posait bien, et
seulement après ces préparatifs, disait enfin d'une voix
très-grave :

Car je suis votre reine!!!!

Mademoiselle Rachel reprit le rôle et produisit en
jouant avec naturel autant d'effet et bien plus d'émotion (1).

Il est difficile de jouer sans ficelles, parce qu'il est difficile d'être naturel. Un acteur qui n'a qu'un talent médio-

(1) Je tiens cet exemple de M. Régnier.

cre plaira bien difficilement s'il renonce à une ressource
si commode; de là vient que nous voyons des hommes
d'un vrai mérite qui ne craignent pas d'avoir recours à
cet artifice tout comme les cabotins du dernier étage. De
sorte que l'on pourrait avancer qu'il n'y a guère au théâtre
que deux sortes d'acteurs qui jouent sans ficelles: ce sont
les jeunes gens qui commencent, et les comédiens qui ont
un talent tout à fait supérieur; les premiers, parce qu'ils ne
savent pas encore; et les autres, parce qu'ils ne veulent plus.

Il y a assurément des acteurs bien mauvais. Mais ce qui
est navrant, c'est d'observer que devant un certain public
ce ne sont pas toujours ceux-là qui ont le moins de succès.
Les applaudissements qu'ils recueillent trop souvent devraient faire réfléchir les hommes d'État sur la logique du
suffrage universel.

Il y a une sorte de lâcheté à s'incliner absolument
devant le jugement du public. Pour un homme de bon
sens, il est certain que dans toutes les branches des arts
il se trouve des hommes d'un talent incontestable et qui
ne plairont jamais à la foule, comme au rebours nous
voyons des artistes d'une valeur tout à fait secondaire jouir
d'une véritable célébrité, et des ouvrages médiocres ou
même mauvais enrichir leur auteur. Le suffrage universel appliqué à l'appréciation des ouvrages d'esprit, con-
duirait les fous à la gloire, et les gens de mérite à
Charenton.

X

Tout acteur consciencieux et intelligent peut arriver à acquérir un certain mérite. Mais l'originalité n'est pas une qualité qui puisse venir avec le temps. Être original, c'est faire non pas toujours mieux, mais toujours autrement que les autres. Un acteur qui est fort bon peut manquer d'originalité. Un autre acteur, avec un talent moins complet, sera moins semblable à tout le monde.

Je ne crois pas qu'on puisse être un homme de génie sans être un homme original ; toutefois, on peut être fort original et n'avoir aucun génie.

Ce que l'on appelle talent dans les arts est susceptible de bien des degrés. On peut avoir un peu de talent, on peut en avoir beaucoup. Le talent, à un certain degré, n'est pas moins capable d'originalité que le génie lui-même.

Il est aisé de faire assez bien ; le difficile, c'est la perfection. Combien d'élèves nous donnent de brillantes ébauches, qui n'arrivent jamais à exécuter un bon tableau.

Il n'y a de grands peintres que ceux dont la science pratique et l'habileté du faire ont servi l'imagination et le sentiment. Nombre de beaux génies ont laissé de médio-

cres ouvrages, parce qu'ils n'ont eu d'autre souci que
d'inventer et de combiner des arrangements agréables
sans serrer de près la nature et sans l'imiter scrupuleuse-
ment dans ses couleurs et dans ses contours. Le peintre le
plus complet est celui qui sait tout ensemble trouver l'idée
et l'exprimer, et le vrai talent consiste dans l'alliance
absolue et intime des qualités de l'ouvrier et de celles du
penseur. Une intelligence et une main, voilà Raphaël.

Il y a des gens qui disent : « L'idée est tout. » Je crois
qu'au contraire l'idée est peu de chose. Tout le monde a
des idées, et même de fort bonnes, mais personne ne sait
les rendre. Le talent consiste bien moins à trouver un
sujet neuf qu'à bien exécuter un sujet quelconque. On
peut faire une comédie fort originale sur un sujet rebattu;
pourvu qu'on y ait mis de la vérité et de la justesse, on se
sera écarté du commun. Rien ne change dans la nature.
Qu'il s'agisse de peindre nos passions ou nos vices, ou de
représenter les formes et les couleurs des objets sensibles,
à toutes les époques l'artiste et le poëte ont le même sujet
d'études, et puisque le modèle demeure éternellement le
même, pourquoi l'image changerait-elle ? L'originalité ne
consiste pas à peindre des cerises bleues et des carottes
noires, mais à représenter des carottes et des cerises qui
ressemblent exactement à celles que nous voyons dans nos
jardins. Le vrai but des arts c'est d'imiter ce qui est. Les
hommes de talent rendent l'imitation à peu près exacte ;
après eux viennent les gens qui imitent les ouvrages de
ceux-là au lieu de copier la nature même. Être original
c'est faire autrement que les autres, je le veux bien, mais
dans ce sens que ceux qui manquent d'originalité imitent
les copies et non le modèle, au lieu que ceux qui ont un
talent original imitent le modèle et non les copies.

Lekain définit le talent « la faculté d'éprouver l'enthousiasme et de le communiquer aux autres. » Si bizarre que puisse paraître cette opinion, comme elle est celle d'un comédien illustre, nous ne pouvons pas la rejeter sans examen.

Et d'abord, qu'est-ce que l'enthousiasme, et dans quelles conditions est-ce qu'il se produit ?

Quelle que soit la nature de l'enthousiasme, soit qu'on le considère comme une exaltation momentanée des facultés de l'intelligence, soit qu'on le regarde comme l'expression passionnée de l'admiration, jamais nous ne confondrons un phénomène de l'organisme avec l'ensemble des qualités qui composent le talent du comédien.

L'enthousiasme n'est possible que dans de certaines conditions et ne convient qu'à de certains caractères. Burrhus qui se jette aux pieds de son maître pour le détourner d'un crime, peut lui faire de la vertu une peinture enthousiaste, mais jamais Néron ne réussira à exciter dans nos cœurs d'autres mouvements que ceux de l'exécration et de l'horreur. La comédie est absolument dépourvue de situations et de caractères propres à exciter l'enthousiasme. Est-ce à dire qu'il est impossible de montrer du talent en jouant la finesse, la ruse, la perfidie, le mensonge, la trahison ou l'hypocrisie ? Évidemment Lekain parle en tragédien et même en tragédien d'une époque spéciale.

Je ne sais pas si la définition qu'il fait du talent en général convenait particulièrement au sien, mais aujourd'hui et en parlant des comédiens contemporains, elle n'a pas de sens. Si l'enthousiasme ou la faculté de s'échauffer soi-même et de communiquer sa chaleur aux autres est, en effet, l'un des dons les plus précieux que puisse posséder un acteur, on peut dire que ce don serait inutile s'il n'était accompagné de beaucoup d'autres. Le talent, en somme, ce n'est ni l'imagination, ni l'enthousiasme, ni l'observation, ni l'esprit, mais c'est tout cela réuni et combiné de façon à satisfaire entièrement aux exigences spéciales du théâtre. Le vrai talent dans tous les arts consiste à imiter parfaitement la nature, et, de quelque façon que l'on s'y prenne pour arriver à ce but, dès qu'il est atteint, on a du talent.

Quant au génie!... Lorsque je vois Pascal être à douze ans le premier mathématicien de son temps, Bonaparte grand homme à vingt-cinq et Rachel maîtresse de son art dès le premier soir de ses débuts, je suis porté à considérer le génie comme un phénomène et un accident. Loin de regarder les hommes de génie comme des êtres pareils au commun des hommes, mais qui savent seulement s'élever plus haut que les autres, je me les représente comme des émanations directes de la Divinité, qui viennent s'asseoir un instant sur ce sommet lumineux, inaccessible aux simples humains, et qui ont pour mission de nous indiquer la route et de nous montrer ce qu'on trouve au bout. Le beau et le vrai absolus sont de Dieu. Il nous en envoie quelques rayons par l'intermédiaire de certains êtres faits comme nous autres et pourvus d'organes semblables aux nôtres qui leur permettent de nous communiquer sa lumière divine. Ce sont ces êtres que nous appelons des hommes de génie.

PARIS
MORRIS PÈRE ET FILS
RUE AMELOT 64